PRIX : DEUX FRANCS.

ÉMILE OLLIVIER

EX-COMMISSAIRE GÉNÉRAL DE LA RÉPUBLIQUE A MARSEILLE,
DÉPUTÉ DE PARIS,

par

Z. MARCAS.

PARIS

E. DENTU, LIBRAIRE-ÉDITEUR

Palais-Royal, 17 et 19, galerie d'Orléans.

1865.

MELUN. — TYPOGRAPHIE A. HÉRISÉ.

AVIS.

L'auteur publiera incessamment un certain nombre d'opuscules semblables à celui-ci sur les personnalités qui peuvent être considérées comme l'expression la plus saillante du mouvement politique et littéraire de l'Empire.

La PREMIÈRE SÉRIE *qui est sous presse traitera successivement des* Traînards de 1848, *des* Vieux Partis, *du* Journalisme optimiste *et des* diverses doctrines politiques et philosophiques du jour, *en la personne de MM.* Jules Favre, Prévost-Paradol, Paulin Limayrac, Emile de Girardin, *etc.*

La SECONDE *traitera de l'*Instruction Publique, *représentée par M.* Duruy *dans les Conseils de l'Empire, et de la* Littérature populaire contemporaine, *sous la plume de M. Timothée Trimm. Cette dernière question n'est pas la moins importante de notre temps.*

La DEUXIÈME SÉRIE *sera consacrée aux Ecrivains de divers groupes littéraires, tels que le* Figaro, *de M.* de Villemessant, *les rédacteurs successifs du* Nain jaune, *MM.* Aurélien Scholl, Silvestre, Ulysse Pic, *les* Nouvelles, *la* Revue contemporaine, *la* Revue des Deux-Mondes *et l'*Académie.

L'auteur se promet de traiter ces divers sujets avec discrétion et bonne foi à l'égard des personnes, indépendance à l'égard des idées, et sous des points de vue originaux et curieux.

Le public sera informé des conditions de la souscription.

M. ÉMILE OLLIVIER.

Il y avait autrefois dans le petit village du Beausset, entre l'antique bois de Cuges et les Gorges d'Ollioules, un maître d'école dont on se souvient encore dans la contrée. Il savait par cœur le *De Viris illustribus* et le *Cornelius Nepos*. Un savoir si rare n'était pas sans lui avoir donné une certaine opinion de sa personne; il se trouvait déclassé, et il accusait en latin l'aveugle fortune. Au demeurant excellent homme, on le nommait Maître Ollivier. Il se maria avec une jeune fille du pays qui lui apporta en dot beauté et sagesse : *pulchritudo et sapientia.* Deux enfants naquirent de ce mariage : le premier reçut le nom de Démosthènes, le second celui d'Aristide, comme un témoignage de l'admiration de leur père pour ces grands hommes, et un encouragement au culte de l'éloquence, à l'amour de la justice et à la haine des tyrans.

Démosthènes fut le plus fidèle à ces inspirations. Il grandit tout barbouillé du latin paternel; son âme s'imprégna de bonne heure de toutes les vertus de son illustre patron, et, plus tard, il le fit bien voir au premier Philippe qui lui tomba sous la main. La révolution de Juillet le compta parmi ses héros. Carbonaro sous la Restauration, compromis dans l'affaire de Vallée qui fut jugé et exécuté à Toulon, il avait été enfermé pendant quinze mois à la prison des Présentines de Marseille. Juillet le vengeait, mais sans trouver grâce dans l'inflexibilité de ses opinions républicaines. C'était ce qu'on appelle un homme à convictions. Il était convaincu que Louis-Philippe avait assassiné la Grèce à Chéronée et qu'il fallait à tout prix en purger la terre. Aussi, pendant dix-huit ans, eut-il consciencieusement la main dans toutes les conspirations, dans toutes les mines, dans toutes les sapes contre la royauté. Conspirer contre les tyrans fut l'œuvre principale et essentielle de sa vie; entre temps, il commerçait dans les Nouveautés. Dès 1822, il avait épousé Mlle Geneviève Périer, fille d'un honnête négociant de Toulon. De ce mariage naquit Emile, fils de Démosthènes. Il y eut six enfants :

Le premier mourut quelques jours après sa naissance.

Emile fut le second.

Aristide, que les plus belles qualités semblaient destiner à un brillant avenir, fut tué dans un duel à Montpellier, à la suite d'une querelle de journaux.

Adolphe, le quatrième, et Ernest, le cinquième, l'un médecin, l'autre officier de marine, sont deux hommes distingués, chacun dans son état.

Mlle Ollivier, venue la dernière, est la gracieuse et aimable femme de l'honorable Docteur Isnard, de Géménos.

Mme Démosthènes Ollivier était une Cornélie chrétienne, qui éleva sa jeune famille dans la crainte de Dieu. Emile offrait surtout l'image parfaite de la douceur et de la piété de sa mère, et formait la plus belle perle de son écrin.

Démosthènes, grand lecteur du philosophe Rousseau duquel il avait pris le nom d'Emile pour son fils, s'était promis d'élever celui-ci comme dans le livre, et d'en faire un spécimen accompli de l'éducation à la Jean-Jacques. Pour commencer il exigea que Madame Ollivier nourrît l'enfant de son lait; mais la mère était d'une santé si frêle et l'enfant si délicat, que tous deux pensèrent en mourir. Le système de Jean-Jacques se trouvait dérouté. Il fallut aller quérir une nourrice et laisser le marmot pousser doucement, tout rose et tout frisé comme une petite fille. Sa mère le menait par la main à l'église, aux processions; on l'y vit en petit saint Jean, portant une toison blanche et une houlette d'or. Quand vint la dixième année, il fallut songer à son instruction. Il y avait alors à Marseille un jeune homme nommé Louis Méry, qui préludait par un modeste professorat à une brillante carrière universitaire, tandis que son frère illustrait déjà son nom. Démosthènes confia Emile à L. Méry et Emile inspira bientôt une vive affection au maître. Ce n'est pas qu'il fut un petit prodige, heureusement; mais il rayonnait d'intelligence et de bonté. Point turbulent, peu porté aux distractions bruyantes de son âge, il était toujours assis; il ressemblait, disait Louis Méry, à Thésée dans Virgile : *sedet æternum que sedebit*. Sa mère qu'il adorait, l'entretenait avec ardeur dans la foi et dans les pieuses pratiques de son enfance. Démosthènes laissait faire, mais non sans persiffler quelquefois, en souriant, et ses sarcasmes, ses dérisions jetaient dans l'âme naïve de l'enfant un trouble douloureux. Emile, doué d'une vive sensibilité, éprouvait des froissements cruels entre ces deux influences qui se disputaient son esprit et son cœur. Mais comme il avait, grâce à Dieu, une nature exquise, son âme ne fut pénétrée que par les souffles purs et généreux. Son cœur resta toujours du côté de sa mère, tandis que son esprit un peu trop efféminé peut-être par l'éducation des premiers ans, se virilisait et se redressait sous l'aiguillon paternel.

Lorsque quatorze ans eurent sonné, on le livra à des maîtres universitaires, et l'instruction qu'il reçut, fut telle qu'avait pu la souhaiter pour sa race l'austère maître d'école du Beausset. Démosthènes y tint la main avec une jalouse sollicitude. A dix-sept ans, le jeune lycéen épris de la gloire antique, l'âme remplie des glorieux tumultes du Forum, prenait en grande pitié l'abaissement de son pays et ne voyait pas de plus noble type de la grandeur sociale que la Rome des Consuls et l'Athènes de Périclès.

Du collége il passa sur les bancs de l'Ecole de Droit et s'y distingua par une application soutenue, une conduite exemplaire et de brillants succès.

Il était clerc d'avoué, à peine inscrit sur le tableau des avocats de Paris, lorsque éclata la révolution de Février. Démosthènes, sans désemparer, mena son fils aux chefs de la république. Il entrait là comme chez lui, et tout le monde s'inclinait. On ne pouvait lui donner Paris; il était pris : on lui donna Marseille; Marseille pour son fils, avec le titre de Commissaire général.

Le fils de Démosthènes arriva donc au pouvoir tout naturellement, par la vertu des quartiers républicains de son père. Il se trouva Consul, par droit de naissance, comme le fils de M. de Carabas était baron. Il doit en sourire aujourd'hui. Mais enfin, même sous les républiques, il est toujours bon d'être le fils de quelqu'un.

La république de Février tint grand compte du droit des races ; elle fonda des dynasties dans une foule de fonctions, sans négliger les martyres authentiques, les barbes de la veille, les titres personnels bien établis. Le Provisoire fut bâclé peut-être un peu rondement : Le libraire Pagnerre, sur le pas de sa maison, ramassé par le flot, roule jusqu'à l'Hôtel-de-Ville. Marrast, sur la pointe du pied, entrebâillait déjà la porte :

— « Tiens ! dit Louis Blanc, voilà Pagnerre ! »

Aussitôt, Garnier-Pagès et Ledru :

— « Bonjour, Pagnerre ! »

Ils le connaissaient tous parfaitement ; c'est lui qui vendait leurs livres.

— « Au fait, si nous prenions Pagnerre ? »

— « C'est un fort brave homme, dit Lamartine. »

— « Et un patriote, » reprit Ledru.

— « Messieurs, disait l'autre, vous raillez ! Messieurs, laissez-moi m'en aller, je vous prie, rassurer ma femme ! »

Il eut beau protester, on le mit dans le Provisoire ;

il fut du gouvernement, logé au Luxembourg comme un prince. On disait que son petit couchait dans le berceau du duc d'Orléans.

Plus d'un arriva de la sorte aux dignités, qui, si les choses avaient suivi leur cours naturel, aurait trouvé fort honnête de devenir huissier ou notaire de son canton. Mais, en vérité, ce n'est pas là le cas de notre jeune homme. S'il est vrai que la république de 1848 le porta du premier coup à une de ces situations où les talents les plus brillants et la plus haute faveur ne portent guère un homme qu'avec le temps; s'il est probable qu'avant d'arriver à un tel niveau, le jeune avocat, en un temps ordinaire, eut trotté menu pendant dix ans dans la salle des Pas-Perdus, il montra du moins que le hasard a parfois la main heureuse. A cet âge, il était déjà, par la spécialité de ses études, par la gravité de sa tenue, par la distinction naturelle de son esprit et de sa personne, un de ces hommes qui sont faits pour prendre rapidement leur place en tous lieux et en tous temps. On voyait clairement son étoile sur son front. Il paraît du reste que lui-même, sans morgue et sans embarras, avait de la confiance en sa personne, et qu'il ne dissimulait pas une certaine ambition. Quand il fut appelé à une grandeur si imprévue, il posa simplement sur le bureau de l'avoué ses manchettes de lustrine, prit son chapeau, point de plumet, point de grand sabre, et parut le moins étonné de sa fortune.

Le *Moniteur* le précéda, un bruit de grelots l'annonça, une chaise de poste l'apporta. La foule accourue n'en croyait pas ses yeux : « Comment! ce petit Ollivier qui jouait avec nous à la fossette! »

Le Télémaque de la république parut appuyé sur le bras de son père. Démosthènes à la barbe grise, rappelait le Mentor de Fragonard. Quand ils gravirent le perron de l'hôtel commissarial, ils trouvèrent les prétoriens rangés sur leur passage. Démosthènes les embrassa, Emile les harangua. Les gens un peu clairvoyants comprirent tout de suite le sens de ce Proconsulat à deux têtes. Démosthènes et Emile devaient reproduire à Marseille le Duumvirat de Ledru-Rollin et de Lamartine, celui-ci destiné au gouvernement de la parole, celui-là au gouvernement de l'action. Emile s'était formé à l'art de haranguer les hommes dans Tite-Live; Démosthènes dans les sociétés secrètes croyait avoir appris l'art de les gouverner. Le jeune homme élégant, aristocratique, devait flatter au premier coup d'œil la réaction; le vieux conspirateur rassurerait les patriotes. Le calcul ne laissait pas d'être habile et ingénieux. Malheureusement une vigilance inquiète et soupçonneuse les suivait dans l'ombre. Caussidière avait dit : « Démosthènes a encore *du chien dans le ventre*, mais *sa demoiselle* ne me revient pas. » Tel Achille, à quinze ans, passait pour une petite fille qui, à l'aspect d'une épée, fit bientôt voir ce qu'il avait au ventre. Celui-ci le montra plus tard, et le montrera. Mais en attendant, on avait écrit de Paris aux Purs, aux Durs, aux Solides : « Méfiez-vous de la balançoire Ollivier. »

Il y avait alors dans la ville de Marseille, comme partout, un de ces hommes inconnus la veille, qui, tout-à-coup, aux jours de révolution, sortent des pavés et s'emparent de la multitude. Les Marseillais l'appellent encore : « le farouche Agénon. » Cet Agénon farouche, improvisé de son chef colonel de la garde des Proconsuls, en arrivant les séquestra. Lui-même couchait avec ses hommes dans les escaliers. Démosthènes, surpris d'abord et offensé, comprit vite et se résigna. Il dut se souvenir qu'il était d'une école où l'on tient comme l'idéal républicain, un dictateur rivé à un boulet. Quant à son fils, naïvement étonné, il errait dans les corridors et correspondait avec ses administrés par des proclamations pleines de métaphores candides. De temps en temps, il s'avançait au milieu des sbires du farouche Agénon et les haranguait. Peu à peu, il attendrit ses geôliers; il put sortir pour aller visiter les clubs populaires; on lui permit quelques relations avec le monde. Marseille, d'ailleurs, réclamait son Commissaire général.

On était dans les premiers jours de Mars. Démosthènes apprenant que Méry, le poète de la Villéliade, se trouvait à Marseille, désira le voir, ainsi que son frère Louis. L'un et l'autre, hommes d'un grand cœur et de l'esprit le plus rare, étaient fort à rechercher dans un moment où le commissariat de la république avait surtout besoin de considération. Démosthènes leur écrivit un billet charmant, comme Mécène eut pu écrire aux deux Messala. Louis, alors professeur de littérature à la Faculté d'Aix, en arrivait à l'heure même, accompagné d'un Conseiller à la Cour qui brûlait d'être présenté. Ce Conseiller venait de se souvenir fort à propos qu'il avait combattu autrefois pour la liberté, sur les barricades de Juillet. Il lui était même resté de ce bel exploit un grand sabre de cavalerie qu'il voulait porter au Commissaire général. Peu de Conseillers à la Cour ont dans leur dossier un sabre de cavalerie, et il ne faisait aucun doute qu'un titre si rare dans la Robe, le recommandât vivement au gouvernement républicain. Louis Méry avait obtenu à grand'peine que l'instrument demeurât à la maison, mais le Conseiller, il avait fallu absolument le conduire à Marseille. Notre homme, convaincu que l'ancien professeur du citoyen Commissaire général devait avoir une grande influence, bon gré mal gré le mettait dans son jeu. L'invitation de Démosthènes arrivait donc à point. Il n'y était pas question du Conseiller, il est vrai, mais des gens d'esprit ne s'embarrassent pas de si peu, et nos deux Méry emmenèrent cet original dîner avec eux à la Préfecture.

Comme ils franchissaient les couloirs de l'Hôtel à travers la garde éparpillée du farouche Agénon, le pied du Conseiller trébucha à un citoyen qui fumait sa pipe, couché de son long sur les tapis. « Ah! ah! dit l'homme, voilà encore de ces bougres du Juste-Milieu! » Enfin ils parvinrent au cabinet des Proconsuls. Démosthènes leur sauta au cou, Emile embrassa tendrement son ancien maître; le Conseiller aussi sans plus de façon fut embrassé. Louis Méry regardait avec attendrissement son élève. « Hein! lui disait Démosthènes ravi, voilà votre ouvrage! » Méry s'en excusait modestement, mais enfin il félicitait, il congratulait. Des personnes qui entrèrent firent diversion à ces épanchements, mais Louis Méry retiré dans une embrasure s'émerveillait : l'honnête Démosthènes, l'ancien marchand de nouveautés en ces lieux-mêmes; cet enfant Proconsul, tous deux au rang des nouveaux maîtres de la terre; ces grandeurs inouïes, ces coups imprévus de la fortune, il n'en pouvait croire ses yeux. Un long jeune homme à la face pâle et mystique, qui se trouvait là, s'approcha de lui et lui dit tout bas : « *Ceci est un Verbe!* » Ah! vraiment, balbutia Louis Méry. Oui.... Oui, Monsieur, je comprends : « Ce doit être un Verbe! »

On se mit à table à huit heures du soir. Le dîner fut d'une simplicité élégante, servi par des valets en habit noir; la chère parfaite, les vins excellents. L'universel Méry égayait la conversation des traits de son merveilleux esprit, lorsque tout-à-coup éclate un formidable fracas. Toutes les têtes se redressent. « Messieurs, dit quelqu'un, le bruit s'approche! » On entendait en effet distinctement la clameur populaire et le cliquetis des armes. Le tumulte s'engouffrait dans les corridors voisins comme un ouragan. Démosthènes pâlit. Emile, impassible, invita d'un geste Méry à attaquer les truffes, se leva en souriant et sortit. Quelques instants après, la tempête reculait et faisait silence, et les convives aux aguets n'entendaient plus dans le lointain que la voix claire et sonore du jeune Proconsul. Le jeune homme à la face mystique, qui était placé à côté de Louis Méry, lui répéta tout bas : « Le Verbe, Monsieur! le Verbe! » — « Oui, oui! dit Méry avec empressement : le Verbe! » A l'heure qu'il est, au bout de dix-sept ans, il se gratte encore l'oreille parfois et se demande : « Que diable voulait donc dire cet homme barbu, avec son Verbe? »

Le lendemain, les rageurs disaient avec mépris que le Commissaire avait joué *son grand air de flûte*. Les Sans-Quartier l'appelaient l'*Endormeur*. Dans un café où l'on parlait du dîner, un homme aimable, sachant son Horace, disait que sans doute, eu égard à la qualité des convives, on avait bu du vin du Consulat de Manlius : — « De la cave de M. de Lacoste, » répliquait un farceur réactionnaire. M. de Lacoste était le dernier Préfet du Tyran.

Notre héros rentra comme il était sorti, calme et souriant; les laquais apportèrent les cigares et le champagne, et la conversation reprit son train.

On causa des places, des emplois, des nominations nouvelles. C'était la grande question du moment, question éternelle, la même au fond de toutes les révolutions, si vous cherchez bien. Jusqu'à présent, on a pu calculer chez nous que les révolutions, en moyenne, arrivaient tous les quinze ou dix-huit ans. C'est qu'en dix-huit ans une nouvelle génération a poussé, qui trouve que les vieux s'attardent plus que de raison, occupent tout, remplissent tout, encombrent tout; aujourd'hui même ils sont partout. Les jeunes, à la porte, se morfondant, réclament à tue-tête « la liberté ! » C'est une manière de parler qui veut dire : « Nous sommes fatigués d'attendre et nous demandons notre tour. » Ils veulent leur tour, c'est-à-dire ceux qui ne sont rien être quelque chose, ceux qui sont quelque chose monter d'un cran, aller plus haut. Quoi de plus naturel? Je tiens qu'en ce moment-ci, vingt préfectures et sous-préfectures, deux cents justices de paix, recettes, perceptions, mairies de canton, six commissariats de chemin de fer, trente consulats, cinquante inspections diverses, cent places de mouchard, j'entends honorables et bien payées, et vingt ou vingt-cinq pensions sur la cassette privée pour des gens d'esprit, donneraient à bien des dégoûtés un goût étonnant pour l'empire. Mais on ne peut parvenir à rien. Léandre, jeune avocat, garçon de savoir, d'esprit, de courage, qui se sent fait pour la politique, est là végétant sur des dossiers. Par où voulez-vous qu'il arrive? Voyant qu'on n'arrive pas par nos chemins, il se met avec Jules Favre dans l'artillerie. Comme il est gênant, chef déjà lui-même d'une troupe criarde qui le suit, je sais bien que s'il voulait on le ferait avocat-général. Mais il vise plus haut et ne veut d'ailleurs arriver qu'avec les siens. Sa place n'empêcherait pas Eraste de crier, non plus qu'Alcindor, au contraire. Ils sont là, toute une génération, liés par la fraternité de l'âge et par une sorte de point d'honneur, qui cherchent leur place au soleil. Eh! dites-le donc, jeunes gens! Cela peut s'avouer, et pourquoi des hypocrisies?

Tu es jeune, rien n'est plus beau. Tu es ambitieux, rien n'est plus permis. Tu veux avoir ta part selon ton travail, ton talent, rien n'est plus juste. Mais non ! Je t'entends d'ici : La Pologne, les Romains, les Nègres, les fers de la patrie ! voilà, dis-tu, les seules ardeurs de ton âme. Ah ! de grâce, une autre chanson ! Nous connûmes celle-là sous Louis-Philippe. On nous la chanta pendant dix-huit ans ! Nous avions l'ordre, la paix, la prospérité, une liberté française, un roi clément. Ce ne fut pas assez. Il vint des philosophes et des tribuns qui firent honte à la patrie de sa paix sans gloire, de sa fortune égoïste, de son roi débonnaire et de la rouille de son épée. Ils étaient beaux comme toi, hardis comme toi, éloquents comme toi. Ils parlaient avec un feu sublime. Ils embrasèrent les jeunes âmes d'une passion héroïque pour les opprimés de la terre, pour la rédemption des peuples, pour la fraternité humaine, pour la liberté du Toboso. 1848 fut leur triomphe et ouvrit enfin l'ère de la nouvelle chevalerie. Voici que les peuples tressaillent, la Hongrie se réveille, l'Italie s'agite, la Pologne se lève. O tribuns, ô libérateurs, maîtres enfin de l'Etat, des canons et des armées, ô patriotes, le monde va donc vous connaître et voir de vos coups !

A cette époque-là, un jeune orateur tout enflammé s'écriait dans un banquet populaire :

« Nos sœurs nous tendent leurs bras suppliants.

« Ecoutez les nationalités égorgées! Partout le vent, « la foudre, la tempête, le sang des morts crient « vers la France! »

J'ai oublié cette belle péroraison, mais ce que je sais bien, c'est qu'elle finissait par une apostrophe en règle à M. Thiers, appelé comme de juste « le fuyard de Beyrouth et le héros de la rue Transnonain! Or Jules Favre et Ledru s'écrièrent qu'on leur en f...ait de la Pologne et de la Hongrie! Ils en avaient répondu autant à M. de Girardin, à M. Jacques Coste et aux journalistes qui leur demandaient la liberté de la presse (1). Ils avaient fait une révo-

---

(1) Voici cette histoire; je l'extrais textuellement de l'ouvrage de M. de Girardin, intitulé *Questions de mon temps,* tome V, page 520 et suivantes :

« — Dès le 27 ou le 28 février 1848, dans l'une des salles de l'Hôtel-de-Ville, où tous les rédacteurs de journaux avaient été convoqués, M. Armand Marrast répondit à M. E. de Girardin qui plaidait avec véhémence la cause de la liberté de la presse et de la liberté de l'imprimerie : *La liberté de la presse! Mais on ne peut pas gouverner avec cela!*

Le 22 avril, M. Armand Marrast répond à M. de Girardin : « Jamais je n'ai rien dit de semblable. Je ne veux croire qu'à une erreur de votre part, car si vous vouliez inventer, je suppose qu'en imputant une infamie à vos adversaires, vous chercheriez du moins à la rendre vraisemblable. »

M. de Girardin réplique : « Je n'affirme pas un fait sans en être sûr. Les paroles que j'ai rapportées, M. Marrast les a dites. Il se peut que ces paroles aient été la condamnation de ses opinions, de ses sentiments de sa vie entière, ce n'est pas moi qui soutiendrai le contraire. »

Le 21 avril, M. Xavier Durrieu, rédacteur en chef du *Courrier*

lution au nom de la liberté, ils l'avaient trouvée excellente pour monter, sur le dos du peuple, au pouvoir et à la fortune. Maintenant, tous ministres, généraux, directeurs, préfets, consuls, couverts de galons, logés dans des palais, ils s'en allèrent danser chez Marrast! Quant aux Polonistes et autres, Caussidière les mit à la raison avec cinq cents gaillards bien équipés, et l'on fit venir d'Afrique un général qui avait fait la guerre aux bédouins.

Mais je voulais raconter une anecdote piquante de ce dîner chez les Proconsuls Marseillais. On était entre le café et le cognac, causant gaîment des places à prendre. Démosthènes, chargé du département des révocations, déplorait la disette d'hommes purs pour les hautes positions. Ce n'est pas à dire que les candidats fissent faute, grand Dieu! mais tous, peu ou prou, sentaient la corruption.

Français écrit à M. de Girardin : « Oui, M. Marrast *a prononcé les paroles* que vous lui attribuez et dans les circonstances que vous rappelez. »

Le 23 avril, M. J. Coste, ancien rédacteur en chef du *Temps*, écrit : « M. Marrast a tort de nier..... Car outre des paroles il y avait surtout *l'air* qui les rendait *encore plus significatives* et qui nous fit tous augurer des actes qui ne tardèrent pas à suivre. Un autre rédacteur du *National*, non moins célèbre que M. Marrast, répondit aussi la veille des Journées de Juin 1849 à quelqu'un qui lui demandait comment on gouvernerait avec les journaux : *On t'en* f...ichera *de la liberté de la Presse !*

(Emile de Girardin, *Questions de mon temps.)*

Ah ! vraiment, cette monarchie de Louis-Philippe avait tout infecté. Bref, Démosthènes assura qu'il était surtout fort en peine d'un procureur général pour la cour d'Aix. Le Conseiller fit un soubresaut et enfla ses narines :

« Un procureur, s'écria Louis Méry, en se frappant le front, j'ai votre affaire ! »

— « En vérité ? »

— « Un procureur qui vous va comme un gant. »

— « Un patriote? »

— « Antique, mon cher ami ! »

— « Un pur ? »

— « Le jour n'est pas plus pur que le fond de son cœur ! »

— « Son nom, son nom, de grâce ? »

— « Eh ! vous l'avez là, mio caro : c'est la pie au nid ! » Louis Méry montrait le conseiller, le nez gonflé et le front couvert d'une aimable rougeur.

— « Et alors, vous accepteriez volontiers les fonctions de procureur général, citoyen conseiller, dit Démosthènes ? »

— « Notre noble ami, dit gravement Méry, fut toujours prêt à se sacrifier pour sa patrie. »

— « Ah ! Méry ! votre amitié..... »

— « Nullement, mon ami, est-ce que vous n'avez pas combattu les tyrans au prix de votre vie ? »

— « Vous avez combattu les tyrans, Monsieur? »

— « Il a encore le sabre, dit Méry. »

— « Quoi! citoyen, vous avez un sabre? »

— « De cavalerie, Monsieur! »

— « De cavalerie! Parbleu, il faut me donner votre nom que je l'envoie à Crémieux, sur l'heure, s'écria Démosthènes. »

Et il l'envoya. Deux jours après, le *Moniteur* apportait à Aix la nomination du citoyen conseiller au poste de procureur général de la République.

Montesquieu trouve un charme extrême à Plutarque, « parce qu'il y a, dit-il, des circonstances attachées aux personnes, qui font toujours plaisir. (1) » L'histoire des circonstances que je viens de raconter serait incomplète, si je n'ajoutais que Louis Méry, mis en demeure pour son compte de devenir recteur de l'Académie, refusa naïvement : « J'y penserai d'ici à demain, » dit-il, comme on insistait. Et le lendemain, il avait pensé « qu'il ne lui resterait plus qu'à mourir de honte, s'il pouvait accepter l'emploi d'un homme qui était son ami. » — « Mon cher Emile, dit-il au Commissaire général, je ne suis pas l'homme des immolations. » Le jeune homme fort ému lui pressa la main et on n'en parla plus. Louis Méry resta simplement l'objet des plus

(1) Montesquieu, Pensées diverses.

vifs témoignages d'amitié, et d'une faveur qu'il eût quelquefois cédée à d'autres bien volontiers. Il faudrait, m'écrit un honorable magistrat de qui j'ai ces détails, il faudrait entendre ce charmant esprit raconter lui-même l'histoire d'une grande cérémonie où il eut un rôle mémorable : Les Commissaires se trouvant à Aix, recevaient le monde officiel à l'hôtel des Princes. Chacun y allait de son côté ; la Faculté s'y rendit en robes jaunes, précédée de son doyen, M. Fortoul, qui depuis..., mais alors il ne dédaignait point de congratuler les Commissaires de la République. Quand la docte Compagnie arriva, les Proconsuls adossés à la cheminée, étaient harangués par les Contributions indirectes. Démosthènes, apercevant Louis Méry dans ses fourrures, le héla, et l'allant prendre par la main, sans autre façon, le mit à côté de lui, devant la pendule. Le digne savant se laissa faire ; excellent homme qui se laisse faire tout ce qu'on veut, hormis nommer à la place de ses amis. Après les Contributions vint l'Archevêque qui harangua. M. le Premier harangua, le Recteur harangua, et voilà Louis Méry, entre le père et le fils, comme s'il eut savouré officiellement les cassolettes. Le défilé pendant une heure et demie l'y contempla et chaque harangueur ayant harangué, tirait à Méry sa révérence. Lui, plus mort que vif, profitant enfin d'un tohu-bohu, tâcha de s'esquiver et se laissa glisser dans la foule. Mais l'un lui saisit le bras droit, l'autre le bras gauche, un troisième portait sa toque qu'il avait laissé tomber : « Ah! Méry! Ah! mon cher Méry! Ah! Monsieur Méry, quel honneur! » Et tout le monde derrière lui répétait : « Quel honneur! » Bref, arrivé sur le Cours, il se vit harangué en personne. « Il est en faveur!... C'est « un débordement de louanges qui inonde les cours « et la chapelle; qui gagne l'escalier, les salles, la « galerie, tout l'appartement. On en a au-dessus « des yeux (1). » Depuis que La Bruyère a écrit cela, on a fait en France une douzaine de révolutions, mais on a oublié de révolutionner la platitude humaine.

En dehors de la politique, les détails de l'administration proconsulaire étaient surtout laissés aux bureaux. Les bureaux administraient, brouillaient ou débrouillaient; le jeune Commissaire général parlait, arrangeait, apaisait comme il pouvait. Les exigences contradictoires de vingt partis qu'il eut voulu concilier à tout prix, le tenaient entre l'enclume et le marteau. Il glissa à travers cette situation avec un rare bonheur; il fut habile à force de droiture et d'honnêteté. J'ai voulu me rendre un

---

(1) La Bruyère. De la Cour.

compte exact des doléances, des accusations dont il put être personnellement l'objet. Je n'y ai guère trouvé d'actes qui, à tout prendre, ne fussent de son rôle et de son devoir. L'un des griefs les plus vifs et exprimés avec le plus d'amertume, fut le renvoi d'un secrétaire général de la monarchie, qu'en arrivant il avait trouvé installé dans ses bureaux. Notez qu'il le conserva quatre mois et qu'il l'eut sans doute gardé encore, s'il lui avait été permis de n'écouter que sa mansuétude ordinaire. Mais il eut la main forcée. Là dessus, on poussa de grands cris. Une feuille déclara que cet acte était inqualifiable, qu'il soulevait « la réprobation publique, » qu'il fallait gémir de voir l'administration des Bouches-du-Rhône livrée de la sorte « aux expériences d'un jeune clerc d'avoué de Paris. » Eh! que n'exigeait-on qu'il conservât aussi le Préfet de Louis-Philippe? En vérité, on conviendra que le singulier de cette affaire ne fût pas que la république ne s'accommodât point de ce secrétaire général, mais que ce secrétaire général s'accommodât si aisément de la république. Plut à Dieu qu'il pût être interdit aux gouvernements qui viennent de conserver dans leurs rouages les fonctionnaires des gouvernements qui s'en vont! Il y aurait dans les fonctions publiques plus d'ardeur et de loyauté à servir l'Etat dont on est payé, et l'on verrait moins de ces gens occupés à ménager la chèvre du présent et le chou de l'avenir. Le temps où nous vivons en est, dit-on, infesté.

Le sentiment public fut plus juste envers Emile Ollivier. Il y eut même un de ces moments rares et triomphants dans la vie d'un homme, où tous les esprits semblèrent unis dans une sympathie universelle pour sa personne. Les plus récalcitrants étaient désarmés. On accourait courroucé, on sortait attendri. On l'abordait avec irritation, on le quittait avec la conviction que le mieux était de tout prendre en patience, l'erreur, le trouble, le désordre même, et que tout finirait par s'arranger sous un jeune homme si noble et si bienveillant. Il devint l'engouement, le charme, la fête quotidienne de ces populations méridionales si impressionnables et si expansives. Loin de faire aucune concession au débraillé révolutionnaire, sa tenue correcte et sévère donnait au pouvoir un décorum rassurant pour les gens bien élevés. Il paraissait en public toujours ganté, vêtu d'un habit bleu, à la manière de Berryer. D'immenses cortéges l'accompagnaient dans les rues, précédés de tambours, de fifres et de drapeaux. Là sur une borne, ici sur une chaise ou sur quelque estrade pavoisée de lauriers et d'immortelles, sous le ciel bleu, en face de la mer, il enseignait aux fils des Phocéens l'amour de la patrie. Son imagination fraîche éclose dans les livres antiques, évoquait devant ce peuple charmé les grandeurs républicaines de la Grèce. Ses lèvres, comme les lèvres de la déesse de nos pères, avaient des chaînes d'or dont il enlaçait ses auditeurs. Même les ventres affamés ouvraient des oreilles pour l'entendre ; on battait des mains, on l'acclamait, on le rapportait en triomphe dans son palais. Et cependant, des nuages assombrissaient le front du jeune Proconsul. Les tracas intérieurs lui gâtaient cette belle vie. Il fallait retrouver, en rentrant, les paperasses, les solliciteurs, les circulaires, les soupçons insolents, les espionnages farouches, les familiarités grossières, Agénon et ses sacripants.

On le sentait et on le plaignait. Les méridionaux ont un mot qui exprime au plus haut degré une sympathie ineffable : *Pécaïre!* disait Suzanne en regardant Chérubin. Pécaïre, cela veut dire pauvre oiseau, pauvre fleur, pauvre jeune homme ; pécaïre se dit de tout ce qui est bon, affectueux, souffrant ; la langue grecque n'a pas de mot plus doux et plus tendre. Pécaïre! disait-on en le voyant. Sa tendre jeunesse, son élévation, sa gloire faisaient pitié. On plaignait ce jeune favori de la fortune comme s'il était à plaindre. Et il l'était en vérité ; il le confia depuis au public :

« Souvent, écrivit-il quelques jours plus tard (1),

(1) Lettre au *Courrier de Marseille*, 11 juillet 1848.

« il m'est arrivé de me rappeler ces paroles de « Milton que je redis aujourd'hui plus que jamais : » « Oh ! combien de fois, depuis que je suis entré « dans la politique, au milieu de ces rauques dis- « putes, j'ai regretté ma solitude animée d'heu- « reuses pensées, et cette atmosphère paisible et « pure de mes études bien aimées qui m'enchan- « taient de douceur, d'innocence et d'harmonie ! » Et tout bas, sans doute, il se rappelait « les claires fontaines où il aurait pu se rafraîchir, la vigne et le figuier sous lequel il aurait pu s'asseoir, les jeunes filles qui auraient pu l'aimer. (1) » Pécaïre ! Cet enfant ne faisait que de naître, et déjà l'on voyait sur son front la mélancolie de la grandeur !

Je n'oserais pas dire, selon l'expression d'un ancien philosophe, qu'il n'avait pas eu le temps d'apprendre à mépriser assez les hommes pour savoir l'art de les gouverner, je dirai simplement qu'il manquait de cette trempe sévère que donne seule une sérieuse pratique de la vie. Sans les circonstances où il se trouva jeté, si jeune, sa fierté et son intrépidité naturelles n'auraient peut-être jamais eu l'occasion de percer leur enveloppe. Mais quand la brutalité des déceptions heurta cette

---

(1) Renan. *Vie de Jésus.*

nature confiante et naïve, elle en fit jaillir des éclairs et l'on eut affaire à lui.

A son arrivée à Marseille, la muse des illusions, si complaisante à la jeunesse, lui montrait tout beau, tout facile et souriant :

> Citoyens ! s'écriait-il dans sa première proclamation aux Marseillais, je venais au nom du gouvernement provisoire, vous convier à prendre votre part du mouvement régénérateur. Je voulais vous dire que Paris avait été sublime de patriotisme et de magnanimité. Mais, je ne puis maintenant que vous exprimer l'émotion profonde, qui m'a arraché des larmes, quand j'ai vu votre admirable tenue, votre dévouement à l'ordre public et à la République. Vous avez été dignes de votre grande cité, et j'ai éprouvé un sentiment d'orgueil en songeant que je suis votre concitoyen, votre frère ! (1)

Que le voilà bien comme nous sommes tous à vingt ans ! Gusman ne connaît pas d'obstacles. Le patriotisme, le dévouement, l'orgueil, la grande cité et la magnanimité, et la fraternité, tout y est, tous les enthousiasmes, toutes les admirations, tout l'attirail des grandes exordes oratoires, et l'émotion, et les larmes !

> Son cœur se forge une félicité
> Qui le fait pleurer de tendresse !

Mais tournons la page. Nous sommes au 11 mars

---

(1) Première proclamation aux Marseillais.

1848, et voici déjà le *Quos ego* et le *Quoùsque* : Qu'est-ce à dire, citoyens?...

Voulez-vous oui ou non vous montrer dignes de la liberté?... Est-ce par la sédition que vous voulez récompenser nos efforts?... Vous ne demandez, dites-vous, que l'expulsion des ouvriers étrangers? Nous vous avons déjà accordé ce qui pouvait paraître fondé dans cette réclamation, en préparant l'embarquement de tous les étrangers nomades qui encombrent notre ville. Mais *nous refusons complètement de prendre aucune mesure* contre ceux qui y sont sérieusement établis. Vous ne pouvez pas, sans la plus odieuse inhumanité, condamner à mort les malheureux qui avaient adopté votre pays. Vous ne pouvez pas chasser ceux qui, hier encore, vous aidaient à doter la ville d'un canal et d'un chemin de fer. Vous les avez appelés dans les jours prospères parce qu'ils vous étaient indispensables ; gardez-les dans les jours difficiles parce qu'ils ont besoin de vous.

Or çà, citoyens, que nous voici loin des attendrissements, et de la magnanimité, et de la fraternité, et de tout le congratulatoire de la rhétorique! Décidément, on ne gouverne donc pas les hommes avec des lieux communs, des hyperboles, des paraboles et des sensibleries classiques? Il le comprit sur-le-champ et se ravisa. On le voit ici même transfiguré. Je n'ai pas tout cité, mais ce morceau est sublime : « Il ne suffit pas, s'écrie-t-il, que la fraternité flotte » sur nos bannières ; il faut qu'elle descende en nous « et qu'elle vive en nos actes! » Ah! courage!

voilà de vrais accents. Grâce à Dieu, le sentiment chrétien prend le pas sur l'esprit romain ; le langage s'épure, la parole s'affermit, le geste s'élève ;.... laissez-moi croire que sa mère est là dans l'ombre, qui le regarde, et l'homme est fait.

Certes, Marseille n'eut pas qu'à dormir sur un oreiller de roses, bercée par la flûte de son jeune proconsul. Il y eut de mauvais jours. Le vent révolutionnaire qui soufflait à travers la France, glissa plusieurs fois sous les mains les plus fermes et déjoua les vigilances les plus actives. Il arrivait dans les départements des agitations expédiées toutes faites de Paris et, sur plus d'un point, les administrateurs les plus animés d'honnêtes intentions se virent condamnés à les ménager. Il y a des désordres qui sont la part du feu. Un pan de muraille livré à l'incendie, est souvent le moyen d'en arrêter les ravages. La main qui paraît nous livrer est parfois la main qui nous sauve. Et puis, il y a aussi des gens toujours prêts à prendre le désordre aux cheveux comme une bonne aubaine, parce qu'il fait les affaires de la réaction, si bien que le trouble se trouve multiplié à la fois par les frayeurs de ceux qui le redoutent et par la perfidie de ceux qui l'exploitent. Il y a de tout cela un peu, dans les convulsions qui suivent les révolutions politiques. Le Commissaire général du gouvernement républicain aurait pu en raconter long sur ce point à ceux qui un moment le voulurent rendre responsable du vent qui passait. Il répondit simplement :

« .....Je me condamnerais moi-même à l'oubli, si j'avais la moindre faute à me reprocher. Mais je résisterai à d'inqualifiables mensonges. Vous, prenez garde seulement qu'on ne puisse dire plus tard : que dans une époque de révolution, au milieu de la France agitée, il s'est trouvé un jeune homme au cœur rempli d'amour et de dévouement qui est arrivé au milieu d'une ville éperdue et troublée ; que ce jeune homme, au lieu de faire un usage despotique de ses pouvoirs illimités et d'abattre ceux qui alors étaient des vaincus, a usé ses forces à prêcher la concorde, l'union, la fraternité, l'oubli des ressentiments, l'ordre, et cela, pendant trois longs mois ! et qu'en récompense on a flétri toutes ses actions les plus pures ; que de l'amour de son père on a fait de la trahison ; que des sentiments ardents qui exaltaient son âme on a fait une rhétorique sentimentale ; que de la sollicitude qui le portait à ouvrir un cours à des ouvriers ignorants on a fait de l'imprévoyance et de la faiblesse. Je vous le demande alors, qu'aurez-vous à répondre *aux hommes de violence qui blâmaient ce jeune homme de sa mansuétude, et qui sont devenus ses ennemis implacables, parce qu'il n'a pas voulu suivre leurs funestes inspirations ?* Que répondrez-vous à ceux qui, dans l'avenir, viendraient remplir une pareille mission, l'épée à la main et la menace à la bouche ? (1) »

L'épître, il faut bien que je le dise, finit le plus

---

(1) Lettre du 11 juillet 1848, aux journaux de Marseille.

singulièrement du monde par ce mot de Pascal : « Excusez la longueur de cette lettre; je n'ai pas eu « le temps de la faire plus courte. » Il n'en était pas content, et il avait raison. Il sentait qu'il l'eût fallu plus courte, mais il n'avait pas le temps. Dans ces moments-là, la main frissonne, et le cœur est si irrité et si oppressé qu'on en bredouille complètement. Qui n'a éprouvé cela? On refait la page dix fois, avec une fièvre qui peu à peu s'use et s'éteint jusqu'à réduire l'esprit à une prostration complète. La plume alors se traîne sur le papier avec une profonde lassitude. Il y a à coup sûr, dans ces quelques lignes, l'empreinte de toutes ces sensations. Il en dit plus qu'il ne l'eût voulu; le dégoût lui arrache son secret; il découvre sa situation, il laisse voir les serpents liés à ses pieds. Et le voilà maintenant, vous le connaissez cet enfant de Sparte qui, hier encore, sur vos places publiques, apparaissait souriant, pendant qu'un renard lui rongeait le ventre! Convenons-en aujourd'hui; les passions sont calmées, l'heure de la justice est venue : nous étions des ingrats!

Dans cette même lettre, près de partir, il adressa ses adieux aux Marseillais :

« En entrant dans la vie publique, je me suis sérieusement recueilli et j'ai pris en moi-même l'engagement de n'avoir jamais pour guide et pour boussole que ma conscience et la sainte lumière du devoir. Quand la popularité m'accompagnera dans cette voie, je bénirai Dieu d'avoir rendu mes efforts féconds. Quand la calomnie sera ma seule récompense, je ne dévierai pas davantage, car je sais que derrière les accusateurs injustes, il y a les honnêtes gens dont l'estime est la meilleure et la plus sûre des popularités. »

Il quitta Marseille le 13 juillet 1848. *Les hommes de violence qui le blâmaient de sa mansuétude et qui étaient devenus ses ennemis implacables, parce qu'il n'avait pas voulu suivre leurs funestes inspirations*, pendant que l'ingratitude des partis l'accusait d'être leur complice, le firent envoyer dans la Haute-Marne, à Chaumont, en remplacement de M. Peauger. Le jeune triomphateur avait déjà sa roche tarpéienne. Il partit, mais cette popularité des honnêtes gens qu'il souhaitait, la meilleure à son gré et la plus sûre, il l'emporta avec lui. Il laissa tous ceux qui l'avaient connu de près, dans ces redoutables épreuves, pénétrés d'une estime affectueuse pour sa personne, pleins d'admiration pour son beau talent et de foi dans son avenir, convaincus que quelque voie qui s'ouvre devant lui, en quelque lieu qu'il porte ses pas, sur quelque cime qu'il plante son drapeau, quelque destinée que lui réserve la fortune, il ne sera jamais l'homme d'une malhonnête besogne.

C'est un grand point.

En 1849, M. Emile Ollivier abandonna la politique. Rentré au barreau de Paris, il se livra aux devoirs de la profession d'avocat, et fut promptement remarqué par la maturité précoce de son esprit, et par la rare élégance de sa parole. Presque du premier coup il s'égalait aux maîtres. Le célèbre procès de la communauté de Picpus contre Mme de Guerry, dans lequel il plaidait pour cette dame, le mit avec un très-grand éclat aux prises avec M. Berryer. Le bruit qui s'éleva autour de son nom rappela aux souvenirs du public le jeune Commissaire de Marseille, déjà un peu oublié; des succès de plus en plus brillants, entretinrent sa renommée et, en 1857, le vœu des électeurs de Paris le porta au Corps Législatif. La carrière politique s'ouvrait une seconde fois devant lui.

Dans cette élection de 1857, M. Emile Ollivier avait pour compétiteurs M. Varin, candidat du gouvernement, et M. Garnier-Pagès, candidat d'un groupe de démocrates.

Electeurs, dit-il aux Parisiens, il n'est pas nécessaire que je vous expose ma foi. Mon nom, mon passé vous l'ont apprise. *Les événements n'ont pas modifié mes convictions.* Personne ne le conteste : *Mais il est deux sortes de démocraties* : l'une est une large, sympathique qui s'élance vers l'avenir. Cette démocratie sait qu'on grandit par l'assimilation et *non par l'exclusion, qu'en présence d'une situation nouvelle, il faut se* transformer ET NON SE RÉPÉTER. Elle croit que *le temps des phrases* est passé et que celui de la science commence. L'amélioration morale et matérielle du sort de ceux qui souffrent, des travailleurs, le développement du commerce, du crédit, voilà son but. *La liberté voilà son moyen.* Elle convertit si elle peut; *elle ne frappe* jamais, *elle n'excommunie pas.* Cette démocratie est celle de la jeunesse. Depuis 1848, je suis un de ses représentants. Nommez-moi, si vous voulez en faciliter l'essor. Electeurs, jamais peut-être votre mission ne fut plus grave. Ce qui se passe aujourd'hui est pour la liberté, comme une aube. A vous de faire que cette aube aille sans cesse en grandissant et devienne le jour (1).

Ces simples lignes montrent tout de suite, tout ce que cet esprit bien doué avait gagné dans ces dernières années, en vigueur, en netteté et en concision. La parole autrefois était flottante, visant à l'*ore rotondo*; elle est devenue sobre, nerveuse, française. Il a appris à trouver le temps de faire court. Quant à l'homme, il se flatte que les évènements *n'ont point modifié ses convictions.* Il veut dire évidemment qu'il croit toujours à son idéal. Et cet *idéal* de sa jeunesse, il l'a depuis formulé lui-même dans une circulaire aux électeurs de Toulon :

Parmi nos belles fêtes du temps passé, vous rappelez-vous le banquet du champ de Mars? Vous rappelez-vous

---

(1) Circulaire aux électeurs de Paris. Juin 1857.

avec quelle ardeur, debout à la place même où s'étaient faites les exécutions de 93, je vous demandais à tous d'oublier les souvenirs de discorde, de désavouer les théories cruelles et de ne plus vouloir pour notre patrie qu'un avenir de concorde, d'humanité, de progrès et de liberté? Si vos sentiments sont restés les mêmes, nommez-moi, car tel je fus alors, tel je suis encore. L'expérience et l'étude n'ont fait que me rendre plus cher l'*idéal deviné par ma jeunesse*. En 1864 comme en 1848, je crois fermement que la confiance et la générosité servent la démocratie mieux que la défiance et l'envie. En 1864 comme en 1848, je crois que pour devenir forte, la démocratie doit s'élargir et non se fermer, se transformer et non se répéter, se déterminer par la justice et non par la colère; qu'elle doit préférer les idées aux phrases, les réalités aux chimères, l'amélioration partielle qui se réalise, à la réforme totale qui s'ajourne, poursuivre la liberté et non les bouleversements, le progrès et non les révolutions.

C'est ainsi que mûri par l'expérience et par la réflexion, il n'a fait que se fortifier dans l'horreur de la démocratie exclusive (1), de la phraséologie (2), de la brutalité (3). Il est demeuré fidèle non pas à 1848 qui fut, comme il l'éprouva lui-même, en sa propre personne et par son propre sort, exclusif, phraséologue et brutal, mais fidèle à l'idéal qu'il

---

(1) « Non par l'exclusion. » — (2) « Le temps des phrases est passé. » — (3) « Elle ne frappe pas. » (Circulaire aux électeurs du Var, 1864.

portait en lui, fidèle à la mansuétude qui exaspérait les hommes de violence, fidèle aux intentions généreuses que ne lui pardonnèrent jamais les sacripants (1). En un mot, il distinguait deux démocraties, la démocratie sociable, je dis bien, et la démocratie que M. Pelletan a définie *une petite église démocratique qui croit que la France tient tout entière sous la semelle de ses pieds et qui n'admet qu'elle-même au partage de la liberté*. Personne ne se méprit au sens parfaitement clair et net de cette profession de foi, et le suffrage public appelé à se prononcer en présence de M. Emile Ollivier, le représentant de la jeunesse et de l'avenir, et de M. Garnier-Pagès, le représentant du passé et de la caducité révolutionnaire, donna 11,005 suffrages à M. Emile Ollivier et 2,749 à M. Garnier-Pagès.

Durant la période législative de 1857 jusqu'en 1863, M. Emile Ollivier fut compté au nombre des Cinq ; mais il ne laissa jamais planer aucune équivoque sur l'attitude personnelle qu'il entendait prendre au Parlement :

Je suis venu ici pour défendre la liberté dans les limites

---

(1) Qu'aurez-vous à répondre aux hommes de violence qui blâmaient ce jeune homme de sa mansuétude, et qui sont devenus *ses ennemis implacables* parce qu'il n'a pas voulu suivre leurs funestes inspirations? (Lettre déjà citée.)

tracées par la constitution. Aucune provocation ne me fera écarter de cette ligne de conduite. Cette déclaration, il l'a répétée à satiété, dans tous ses discours, sous toutes les formes : « Si l'on vous demande quels sont mes principes, répondez que depuis 1857, *également éloigné de l'approbation systématique et de l'opposition systématique*, je n'ai pratiqué que l'indépendance et la justice pour conquérir la liberté. »

Voilà surtout qui est bien dit : « Ni opposition systématique, ni approbation systématique. » Une question qui pourrait être intéressante à étudier, c'est de savoir si c'est la première qui a créé la seconde et vice versâ. Mais ce serait comme la question de savoir si c'est l'œuf qui a fait la poule ou la poule qui a fait l'œuf. Toujours est-il que je vous défie de trouver hors de là indépendance et dignité. Croit-on que M. Paulin Limayrac admire réellement tout ce qu'il loue? Non; pas plus que M. Jules Favre ne réprouve en sa conscience tout ce qu'il blâme. Mais l'un dit toujours oui parce que l'autre dit toujours non : Ah ! tu veux tout blâmer, tout insulter, tout détruire ! Eh bien, moi je veux louer tout, applaudir tout, conserver tout ! Ah ! tu ne céderas pas un pouce de ton opposition ? Moi je ne céderai pas un iota de mes admirations ! Ah ! tu veux tout salir ? Et moi tout encenser !

Parbleu, Messieurs, vous faites là un joli métier !

M. Ollivier choisit un terrain également à l'écart de ces deux industries, et y planta son drapeau solitaire en donnant rendez-vous aux hommes de bonne volonté. — Dans cette situation nouvelle, isolé comme un précurseur, il devint l'objet d'une distinction particulière de la part de ses collègues et du public. Sa tenue parlementaire, ses mœurs oratoires, son genre d'esprit et de talent, tout en lui paraissait complètement différent de ses collègues. Il avait, il a toujours cette séduction naturelle qui fait qu'à première vue, au premier mot, on s'intéresse à un homme, on l'a en affection, on se sent une disposition toute naturelle à avoir confiance en lui, à l'écouter avec plaisir. Il a de ces choses, comme on dit vulgairement, qui d'un autre seraient mal venues et de lui sont acceptées aisément et en souriant. On n'en dit pas autant de M. Jules Favre, ni de M. Picard, et ceux-là, par exemple, on voit très-bien tout de suite leur parenté, leur union spirituelle. M. Jules Favre, selon une expression du cardinal de Retz, « tout pétri de bile et de contretemps, » M. Picard tout pétri de jovialité et de sarcasme, un Jules Favre gai ; mais au fond le même esprit, les mêmes passions, le même tempérament rageur et bourgeois. On peut se plaire à leurs saillies, à leurs traits éloquents ; ce sont là de beaux talents sans contredit, mais il leur manque ce je ne sais quoi qui s'empare des hommes; c'est je crois l'autorité. L'on voit qu'*ils veulent être libres*, et *qu'ils ne savent pas être justes* : M. Emile Ollivier, naturellement juste et droit, ne s'empêchait point d'ouvrir les yeux aux progrès accomplis par le gouvernement impérial, de convenir de l'existence et de la clarté du soleil, de reconnaître les initiatives fécondes de l'empire, les grandes choses qu'il a fondées.

L'Empereur, disait-il loyalement, est le premier souverain qui ait déclaré sa constitution perpétuellement modifiable, et il ne s'est pas contenté de l'écrire; il a agi en conséquence et déjà il ne reste plus rien de la constitution primitive. Il est le premier aussi qui n'ait jamais hésité à accorder satisfaction à toute expression vive d'un sentiment public (1).

Il regrettait, il le regrette encore, que tout cela, au lieu d'éclore dans la serre chaude du pouvoir, ne fût pas le fruit glorieux de la liberté, mais enfin il ne se faisait pas un devoir de le nier à lui-même et à autrui; il n'affectait pas d'être aveugle pour se donner le plaisir d'être ingrat; il combattait pour sa cause, pour son *idéal* , mais à sa manière, d'une manière noble, élevée, respectueuse. On ne sentait

---

(1) Discours du 7 mars.

jamais dans sa parole ni de mépris affectés, ni de haines amères, ni de basses envies. Ajoutez à tout cela l'éclat du talent et de la jeunesse toujours un peu importun pour les vieux titulaires de la popularité; mettez-y aussi, pour être juste, cette sorte de bonne foi avec laquelle les hommes accoutumés de faire régner leurs lois autour d'eux, sont portés à considérer tout ce qui s'en écarte, comme une insolence et une trahison; et vous aurez le germe des rancunes et des hostilités qui vont éclater.

Les premiers murmures, quoiqu'assez discrets, assez contenus encore, se firent entendre le 11 mars 1861, à la suite d'un discours dans lequel M. Ollivier s'éleva à une éloquence qui sort des voies ordinaires et peut être comparée à tout ce que l'art oratoire nous a laissé de plus parfait.

Sire, quand on est acclamé, comme on vous le dit chaque jour, par trente-cinq millions d'hommes, quand on dispose du monde en ce sens qu'on entraîne la fortune du côté où l'on va, quand on a épuisé toutes ses faveurs et toutes ses leçons, quand on a une existence légendaire, quand on a eu cette chance unique dans l'histoire, de sortir d'une prison pour monter sur le premier trône du monde après avoir passé par l'exil, il reste encore une joie ineffable à connaître et qui dépassera toutes les autres : c'est d'être l'initiateur courageux d'un grand peuple à la liberté, de repousser les conseils pusillanimes et de se placer en face de la nation elle-même. Le jour où cet appel lui serait adressé il pourrait y avoir encore des hommes fidèles aux souvenirs du passé ou aux espérances de l'avenir, mais l'immense majorité admirerait et aiderait, et l'appui qu'elle vous prêterait, Sire, serait d'autant plus efficace qu'il serait désintéressé.

Tout le monde battit des mains à ce discours, non certes que chacun soudainement converti à l'imagination de l'orateur, fut prêt à concéder l'expérience qu'il réclamait, mais il y a dans ces paroles un sentiment si pur, si profondément patriotique et je dirai volontiers d'une si noble chevalerie, qu'il enleva l'assemblée tout entière. On était pris par le cœur. Durant huit jours il ne fut question que du discours d'Emile Ollivier. Il n'en faut pas tant pour remuer un peuple aussi vivement sensible à la loyauté et à l'éloquence.

Je disais, le soir même de la séance, à un député des plus conservateurs : « Vous aussi, vous avez donc applaudi ? » — « Mon cher ami, me répondit-il, l'honnêteté a une prise infaillible sur les âmes les plus cuirassées : donnez-nous d'honnêtes gens, et quant à moi, je ferai avec eux de la liberté et tout ce qu'on voudra. Ce ne sont pas les présents qu'on redoute, mais les mains qui les offrent. C'est toujours la vieille histoire du *Timeo Danaos*. »

Un écrivain qui a exposé la situation de M. Ollivier avec une justesse parfaite, a fait remarquer que si une union apparente continua de régner entre le jeune député et ses collègues de la gauche, cette union cessa dans leurs réunions particulières, et qu'ils traversèrent de fréquents orages, tandis qu'extérieurement, pour les nécessités de la discipline, M. Ollivier croyait devoir paraître en tout uni à ses quatre collègues. Mais chacun persévérait en réalité dans son attitude, M. Jules Favre toujours violent, M. Ollivier toujours ferme et mesuré.

« Il poursuivait avec acharnement, dit cet écrit re-
« marquable, une victoire qui semblait devoir leur
« être chère à tous. Il la regardait comme la réalisation
« complète de leurs espérances et des siennes. Cette
« victoire remportée (c'est-à-dire la liberté obte-
« nue,) il tendrait la main au pouvoir qui la lui dis-
« putait. Il le déclarait avec franchise. Mais ceux
« qui le soutenaient dans cette lutte, loin de se con-
« tenter que leur victoire dût être, comme on l'a
« dit, le couronnement de l'édifice, semblaient dé-
« sirer au contraire qu'elle fût un pas décisif vers la
« chute du gouvernement actuel. (1) »

L'opposition demandait la liberté à l'empire, pour pouvoir le trahir commodément, M. Ollivier la demandait pour pouvoir le servir honorablement.

---

(1) *La trahison d'Emile Ollivier*. Paris. Dentu.

Voilà toute la divergence.

Cependant les élections générales de 1863 s'approchaient et la conduite de M. Ollivier dans ces circonstances est infiniment intéressante à observer. A mesure que l'heure du verdict s'avance, loin de chercher à voiler sous d'habiles équivoques les nuances susceptibles de le dépopulariser parmi les exaltés, il s'attache au contraire à les accentuer s'il se peut avec plus de netteté et d'énergie.

On a comparé, dit-il, la société à une caravane en marche : les uns vont trop vite, les autres s'attardent trop. Entre les deux est le gouvernement retenant les uns et excitant les autres. Je concède même davantage, Messieurs : toutes les fois qu'un dissentiment existe entre une opposition et un gouvernement sur la mesure des choses, sur l'opportunité des actes, eh bien ! je le dis hardiment, moi, député de l'opposition : il est supposable que c'est le gouvernement qui a raison ; car il a, lui, une responsabilité que nous n'avons pas et qui peut lui faire trouver extrêmement difficile ce qui peut nous paraître aisé. Nous ne répondons nous que des paroles, il répond, lui, ce qui est beaucoup plus sérieux, de faits auxquels sont attachées les destinées de la nation. C'est là, Messieurs, le sens profond d'une parole de Mirabeau, dans laquelle on a eu tort de ne chercher qu'une épigramme et qui contient une profonde vérité ; c'est la vraie portée de cette parole connue : *Un Jacobin ministre ne serait pas un ministre jacobin.*

Et après avoir énuméré les libertés qu'il réclame,

à l'intérieur, la responsabilité des agents du gouvernement, la presse soumise au droit commun, les élections libres, la vie municipale active, les finances gérées avec économie, et, en d'autres termes, la liberté civile, la liberté politique, la liberté religieuse, la liberté d'enseignement, la liberté commerciale ou « mieux encore la liberté sans épithète, » il ajoute loyalement :

Si ce but n'a pas été atteint jusqu'à ce jour, cela tient à une lutte qui remonte très-haut, à un malentendu qui dure depuis longtemps et qui doit cesser : cette lutte et ce malentendu durent entre les démocrates et les libéraux depuis 1789. Tous ont eu des torts. Les libéraux ont eu le tort grave de s'opposer à la transformation démocratique que subissent les sociétés modernes ; les démocrates ont eu tort de leur côté de vouloir que cette transformation s'opérât à l'aide des doctrines étroites et stériles du jacobinisme. Il faut désormais que les démocrates deviennent libéraux et que les libéraux deviennent démocrates (1).

Devant un pareil langage, les démocrates et les libéraux qui, deux mois plus tard, allaient être appelés à examiner s'ils devaient lui continuer leur mandat de député, ne sauraient se plaindre qu'ils ne furent pas avertis et que leur candidat leur avait dissimulé quelque chose de ses opinions bien arrê-

(1) Discours du 4 février 1863.

tées sur les faits, sur les hommes et sur les doctrines. Aussi le grand Sanhédrin des libéraux et des démocrates songea-t-il un instant à l'exclure de sa liste. Aux yeux du Sanhédrin, traître à sa foi, à son parti, à son pays, relaps, hérétique et cœtera, son affaire était jugée. Le pape Carnot depuis longtemps l'avait excommunié et tenait la bulle prête. Il hésitait pourtant, de quoi s'indignait le citoyen Jules Simon qui, du reste, ne voulait non plus des Cinq eux-mêmes et de leur « pléiade » que d'Ollivier et de Darimon. On a révélé depuis, à ce sujet, une lettre curieuse du citoyen Simon, qui est ce qu'on peut appeler proprement le pot aux roses de ce célèbre philosophe.

Ecoutez ceci, ô Athéniens :

Puisqu'il a plu *aux Cinq d'entrer dans la danse et de se dire* les représentants d'un parti *qui les repoussait*, le vrai serait de faire connaître hautement ce parti..... Mais *le parti qui les repoussait ne les repousse plus*. C'est un fait et un *triste fait*..... On a décidé que la seule chose pratique serait de faire des députés, de renommer Favre, Ollivier, Picard et Darimon, de leur adjoindre Havin et de voir si on trouverait deux autres hommes dans toute la France à joindre à *cette pléiade* ! Les *Cinq* vont rentrer tout seuls, escortés tout au plus d'Havin et de cinq ou six inconnus qui augmenteront la majorité de la suite d'Emile Ollivier... On nous traite de perruques, d'arriérés, d'incapables, d'orgueilleux. Toute la France a été un instant préoccupée de la réconciliation d'Havin et de Picard. *Cela avait remplacé la question romaine* (1)!

Ainsi parlait M. Jules Simon, en catimini, avec son ironie onctueuse, tant qu'il n'était point question de Son Importance. N'espérant pas être de la fournée, il voulait qu'on s'abstînt et qu'on n'y mît personne; mais du moment qu'il vit jour à une candidature pour son compte, comme il entra dans la danse sans se faire prier! « Gai! Gai! Marions-nous! » Il ne fit plus le délicat; il trouva la danse charmante dès qu'on l'y mit dedans, et sauta comme les autres, sur ses deux pieds. Il s'inclina devant l'omnipotence de M. Jupiter Havin (1), plus grosse que la question romaine. Il accepta tout ce qu'on voulut, y compris M. Darimon et M. Ollivier, et le voilà aujourd'hui compère et compagnon avec les illustres *danseurs* qu'il accommodait si bien dans ses lettres intimes! O vertu! ô philosophie! vous n'êtes qu'un nom, disait un ancien. « Vous n'êtes qu'une bl...., » disait Proudhon du Danube. Quelque jour, je retrouverai M. Jules Simon sous mon crayon rouge et je lui en rappellerai bien d'autres, notamment ce trait caché, à l'adresse d'un certain groupe de démocrates, de jeunes *purs* fort connus au palais :

---

(1) Lettre de M. Jules Simon à M. le colonel Charras, 8 avril 1863, reproduite par la *Presse* du 17 mai 1864.

Tout le monde veut être député..... Il y a un vrai danger de voir la jeunesse entrer dans cette voie qui cherche à concilier les plaisirs de la popularité avec les avantages de la possibilité (?) Je leur ai dit en propres termes « qu'ils demandaient aux républicains de les faire députés *afin de vendre la république le lendemain!* (1)

Ah! si M. Paulin Limayrac avait osé tenir un pareil langage! On frémit rien que d'y penser.

Mais je reviens à l'élection. Quand le pape Carnot fut obligé de s'apercevoir que tout le monde ne voyait pas les choses avec ses lunettes, que hors de la liste comme sur la liste, M. Emile Ollivier passerait bon gré mal gré, il fallut bien se décider à... *permettre* que les suffrages des électeurs de la Seine l'envoyassent de nouveau au Corps Législatif ainsi que M. Darimon. Il est vrai que MM. Picard, Favre, Simon et les autres furent de la même promotion. Tous ensemble passèrent sous la même rubrique, et je conviens qu'il y a là une contradiction qu'on éprouve quelque embarras à expliquer au premier abord; mais le mystère est-il absolument impossible à pénétrer? Il faut, je crois, y voir la preuve heureuse et consolante qu'un certain esprit de justice n'abandonne jamais complétement le

---

(1) Ainsi baptisé par M. Dréo : *Lettre lue au procès des Treize.*

(1) Lettre à M. Charras, révélée par la *Presse.*

peuple, même au milieu de ses plus grandes erreurs. Le peuple de Paris nomme MM. Jules Favre, Picard, Simon, Pagès, Carnot, parce qu'ils répondent à son humeur, à ses traditions d'opposition, à ses instincts frondeurs. Mais il a aussi ses instincts généreux, honnêtes, chevaleresques, dont M. Emile Ollivier est une expression brillante, qui le domine et qui l'entraîne. Dites-lui que cela paraît bizarre et étrange de voir nommer ainsi tout ensemble des personnalités si contraires, il vous répondra que ces querelles de ménage ne le regardent point. Et même est-il bien sûr que cette variété et ces divergences ne soient pas précisément ce qui le charme? N'a-t-il pas pris aussi M. Thiers? C'est pur dilettantisme, ou je ne m'y connais pas. Si le général Foy revenait, et Lafayette avec son cheval blanc, il les mettrait aussi sur la liste ; artiste avant tout.

M. Ollivier reparut donc dans la législature de 1863 et y reprit son rôle et son attitude. Déjà embarrassé la veille de s'entendre avec le petit groupe de 1857, comment l'aurait-il pu avec ce groupe nouveau où les opinions les plus incompatibles, les doctrines les plus disparates, les drapeaux les plus irréconciliables venaient d'être introduits sous les noms de MM. Carnot, Garnier-Pagès, Thiers, Berryer, etc.? Quelle fusion possible avec des hommes, enfoncés, clôturés, claquemurés dans des préjugés anté-diluviens? Plus que jamais M. Ollivier demeura convaincu que le terrain constitutionnel était le seul sur lequel une opposition de quelque bon sens pût manœuvrer avec quelque ensemble, et plus que jamais il s'ancra sur ce terrain de sa profession de foi, de ses convictions connues, déclarées, proclamées par toutes les trompettes de la tribune et de la presse.

On a vu que s'il avait paru un moment appartenir au parti de MM. Jules Favre et Picard, ce n'est pas lui qui était avec eux, mais eux avec lui. Ces Messieurs, soit nécessité momentanée, soit tactique, avaient trouvé bon de le suivre, de lui emboîter le pas, mais ils avaient soif d'une rupture. Or, n'allez pas croire qu'une rupture soit facile avec un honnête homme. Il faut avant tout lui créer des torts. Se séparer d'un homme en le respectant dans ses convictions, dans sa conscience, dans sa liberté, quelle duperie!

« Aucun ne dit : Il voit mieux que nous, écrivait « tristement l'abbé Siéyès; il voit autrement, donc « c'est un homme dangereux. Voir plus loin, plus « profondément qu'eux, leur faire part de meilleures « idées, raisonner, ne leur paraît qu'un commence- « ment de confidence d'un homme qui a tramé « plus profondément. Vous êtes pour eux un coquin

« plus habile; ils vous suspectent.... vous êtes « dangereux (1)! »

Durant la législature précédente, le groupe des Cinq avait, à diverses reprises, demandé au gouvernement de proclamer « la liberté des coalitions d'ouvriers. » Au commencement de 1863, le gouvernement qui depuis longtemps tenait la question à l'étude, se décida à donner cette satisfaction à l'opposition. Je n'examine pas jusqu'à quel point cette concession était vraiment conforme au sentiment public et aux vrais intérêts de l'ordre et de la liberté; on voudra bien remarquer en passant que j'expose et ne discute pas. Le fait est que voici le gouvernement disposé à risquer cette épreuve essentiellement démocratique s'il en fut. Et telle est, en tout ceci, la bonne volonté et la bonne foi, que le bureau de M. Ollivier le désigne lui-même pour faire partie de la commission du projet. Jamais, depuis 1857, un membre de l'opposition n'avait reçu semblable preuve d'estime et de confiance, et il n'est pas douteux, que dans tous les pays et sous tous les régimes parlementaires, une telle concession eut été considérée comme le triomphe le plus rare et le plus significatif pour la minorité. Il ne fit que combler la

(1) L'abbé Siéyès (du Var), cité par M. Sainte-Beuve.

mesure de l'envie et de la haine dont le jeune député de Paris était l'objet parmi les siens.

Adoptant une manœuvre à jamais mémorable, ces Messieurs décidèrent que la loi proposée *n'était pas assez libérale*. Le gouvernement accordait le *droit de coalition*, ils revendiquèrent le *droit de réunion*. Comme la commission leur répondait « que le droit de réunion n'existait pour personne, que l'accorder aux ouvriers serait constituer en leur faveur un privilége au détriment des autres classes de citoyens, et que l'opposition ne pouvait pas vouloir constituer un privilége, » ils imaginèrent un système dit *du droit commun* que M. Jules Simon fut chargé de développer et il le développa ; et M. Jules Simon, le même philosophe qui, quelques années auparavant, dans un livre intitulé *la Liberté*, avait déclaré que les *coalitions* étaient *un crime social* (1), se chargea de repousser la loi du gouvernement, parce qu'elle n'accordait qu'un droit *de coalition trop limité et insuffisant*.

Je ne note pas la contradiction pour elle-même. On peut avoir professé un sentiment hostile à une idée et

---

(1) Indication fournie par *la Presse* (avril 1863), sous la signature de M. Bauer qui ajoute : « Nous n'avons pas l'ouvrage de M. Jules Simon sous la main,..... *mais nous sommes certain de ne pas nous tromper*.

revenir à un sentiment différent sous l'empire d'une étude plus approfondie, d'un examen plus sérieux, d'une situation qui rend possible aujourd'hui ce qui en d'autres temps eut été impossible ou même coupable. Je note simplement la *moralité* de la contradiction qui se produit ici sous l'empire non de la réflexion et de l'étude, mais d'une passion mauvaise, de la moins avouable de toutes les passions.

La Rochefoucauld a dit : « On trouve les premières places prises dans le bon parti ; on ne veut point des dernières (1). » M. Emile Ollivier était porté trop haut par cette loi, elle attachait visiblement trop de popularité, trop de gloire à sa personne ; il prenait la première place dans le bon parti, et M. Jules Simon et les siens ne voulaient pas des dernières. Voilà le fin du secret.

Alors, resplendissant de confiance dans sa supériorité, toujours maître de lui-même, ce qui est une de ses meilleures qualités, et daignant prendre au sérieux des arguments dont l'hypocrisie n'échappait pas à sa pénétration, le jeune orateur se leva :

« C'est une mauvaise manière d'agir, dit-il, que de refuser un progrès, sous prétexte qu'il est incomplet. Oh ! je connais cette théorie et je l'ai vue décrite avec un art ad-

(1) Réflexions morales.

mirable dans les mémoires de Mallet-Dupan, sur la première révolution. C'est la théorie du pessimisme. Elle consiste, lorsqu'un gouvernement déplaît en principe, ou qu'on n'agrée pas sa marche générale, au lieu de faire ce que doit faire selon moi tout homme d'honneur et de sens, d'approuver ce qui est bien et de blâmer ce qui est mal; elle consiste à tout critiquer, à tout attaquer, surtout le bien, parce que le bien pourrait profiter à ceux qui l'accomplissent. Ainsi agissaient les émigrés, lorsque au lieu de rester dans le pays, de se rendre aux assemblées, aux sections pour empêcher le triomphe des mauvais, ils allaient à l'étranger pour le rendre plus facile, afin que leur succès sortit de l'excès du mal. Ainsi ont trop souvent agi les partis qui se sont succédés. Aussi, que reste-t-il dans notre pays, après tant d'agitations? Beaucoup de ruines, beaucoup de beaux et grands discours et peu d'institutions libérales; et tous, à quelque parti que nous appartenions, nous avons souvent regretté de n'avoir pas, au lieu de nous être laissé absorber par des luttes stériles, de n'avoir pas facilité à telle ou telle époque les hommes de cœur et de bonne volonté qui dans un temps s'appelaient Rolland, Martignac dans un autre ou plus tard de tout autre nom; de n'avoir pas accepté les réformes partielles qu'ils nous offraient et d'avoir tout sacrifié à l'implacable satisfaction de nos rancunes personnelles. Quant à moi, Messieurs, je ne suis point de cette école. Je ne suis pas pessimiste, je prends le bien de quelque part qu'il me vienne. Je ne dis jamais « tout ou rien, » maxime factieuse et redoutable. Je dis « un peu à chaque jour, » et je n'oublie jamais la grande parole « à chaque jour suffit sa peine. » Aujourd'hui la loi des coalitions, demain celle des associations. Et puisque l'honorable M. Jérôme David me demande une déclaration, je n'hésite pas à la faire. Dans l'acte du gouvernement je ne vois pas seulement ce qui n'y est pas : le droit de réunion et le droit d'association ; je vois aussi ce qui y est : la liberté de coalition. Je ne me borne pas à critiquer ce qui me manque ; je remercie de ce qu'on me donne.

La noblesse de ces paroles, l'élévation de ces sentiments causèrent une sensation profonde et enlevèrent les suffrages de la majorité. La loi passa ; entre les mains d'un autre orateur elle aurait certainement subi d'autres difficultés. Au point de vue de l'art qui nous intéresse toujours, presque en première ligne, l'effet ne fut pas moindre dans le monde des lettrés. Voilà une belle éloquence qui n'a point de modèles, et il est désirable qu'elle ait des disciples. Calme dans l'allure, parfaite dans la mesure, mâle dans sa simplicité, pétrie de bon sens, elle est profondément personnelle, également éloignée des cadences savantes de M. Jules Favre, des cascades pittoresques de M. Picard et des tropes farouches de M. Pelletan.

On se demande à première vue comment l'envie et la haine purent trouver prise sur un langage si profondément honnête et intelligent :

« Et la calomnie, Monsieur, vous ne savez pas ce « que vous dédaignez ! D'abord un léger bruit, rasant « le sol, comme hirondelle avant l'orage, *pianissimo*, « murmure et file, et sème en courant le trait empoi-

« sonné. Telle bouche le recueille et *piano, piano,* « vous le glisse en l'oreille adroitement. (1) »

— Ah ! monsieur, quel malheur !

— Quoi donc ?

— Quel dommage !

— Mais encore ?...

— Un si beau talent !

— De qui parlez-vous ?

— Ah ! c'est fini !!

— Est-il possible ?

— Il a déserté !!!

— Vous m'effrayez !

— Il est vendu !!!!

— Dieux immortels !

On calculera la marche du vent et de la foudre, mais le chemin que peut faire en un jour une calomnie bien stupide, bien odieuse, bien infâme, semée dans les oreilles des imbéciles et de la canaille, cela ne se peut calculer. En moins de temps qu'il n'en faut à l'électricité, de Dunkerque à Bayonne, vous entendrez le soir par la ville, dix mille bouches répéter, bourdonner, siffler, piailler, glousser, brailler et braire : « il est vendu ! » Le lendemain les coupe-jarrets anonymes de trois ou quatre journaux,

---

(1) Le Barbier de Séville.

voués par métier à la vile besogne des diffamations publiques, achèvent le coup de Jarnac. On ne s'attend pas sans doute que j'aille le défendre contre ces estafiers. Ce n'est pas dans ce fumier de l'histoire que la postérité ira chercher ses jugements sur nos contemporains.

Ce jour-là, la vraie popularité commença pour ce galant homme, car, grâce à Dieu, « la vraie popularité n'est point distribuée par la populace. » C'est Victor Hugo qui a dit cela et il s'y connaît. « Elle vient, ajoute ce grand esprit, de la seule source qui puisse lui imprimer un caractère d'immortalité et d'universalité, de ce petit nombre d'esprits délicats qui représentent moralement les peuples civilisés (1). » Que M. Victor Hugo ait, pour son compte, commencé par le mépris et fini par le goût de la populace, ce n'est point mon affaire : j'estime cette pensée consolante et excellente, et je la retiens.

En rompant les derniers liens qui l'attachaient à l'Eglise démocratique dont M. Jules Simon est l'apôtre sous le double Pontificat de MM. Garnier-Pagès et Carnot, M. Emile Ollivier se raffermit et se retrancha plus que jamais dans l'indépendance de ses doctrines. Cependant, il est temps que je le dise, si cela

---

(1) Victor Hugo. Muse Française, page 33, tome 1.

peut intéresser quelqu'un, moi, le dernier des inconnus : Avec quelque prédilection artistique que je trace le portrait de ce jeune orateur, l'on se tromperait si l'on me prenait pour un des siens, à quelque titre que ce soit. Je ne le connus de ma vie et n'en parle que pièces en main, sur la foi de sa notoriété, de ses écrits et de plusieurs honnêtes gens qui l'ont connu. Quant à sa politique, je n'en suis point la trouvant prématurée. Si j'apprécie l'utilité et l'importance d'une opposition loyalement vouée à la défense des principes libéraux qui doivent vivifier la civilisation moderne, je n'en pense pas moins qu'une résistance énergique et intelligente aux tendances dissolvantes des partis est la première nécessité de tout gouvernement quel qu'il soit. Qui donc tendrait la main à un ennemi, avant qu'il soit désarmé? Le regrettable M. Pietri, dont les partis les plus avancés reconnaissaient l'esprit si délié, le coup d'œil si pénétrant, les aspirations si hardies, mettait cette réserve à ses ardentes sympathies pour la liberté. M. de Persigny lui-même, et il serait diffide nommer un ministre plus libéral par principe, par caractère, par tempérament, M. de Persigny au pouvoir, dut modérer ses généreux entraînements devant la raison d'Etat.

Il peut être permis de risquer un présent mauvais, en vue d'un avenir meilleur. Nos aïeux cherchant la délivrance à travers des révolutions exaspérées, n'y couraient que la chance d'une mort qui valait encore mieux que leur misère. Mais la France à tout jamais affranchie par la révolution de 89, la France prospère à un degré qui peut soutenir la comparaison avec les époques les plus florissantes de l'histoire, maîtresse de la paix du monde, comblée de gloire à satiété, est dans une de ces situations où l'on ne livre pas les biens qu'on a aux hasards des perfectionnements qu'on peut désirer. Elle ressemblerait à ces alchimistes du moyen-âge qui se ruinaient pour faire de l'or. De sinistres illuminés professent encore que la liberté est un bien qui ne saurait être payé trop cher (1). Sylla couvert du sang de soixante mille Mariens égorgés, disait : « J'ai « jugé sans haine les Romains étonnés. Je leur ai « dit : vous étiez libres et vous vouliez vivre en « esclaves. Non, mais mourez et vous aurez l'avan- « tage de mourir dans une ville libre. La postérité « jugera ce que Rome n'a pas osé examiner. Elle « trouvera peut-être que je n'ai pas assez versé de « sang et que tous les Mariens n'ont pas été assez « proscrits. Les Dieux ont attaché presque autant

---

(1) S'il faut couper *cent mille têtes*, on les coupera.

(Congrès de Liége.)

« de malheurs à la liberté qu'à la servitude, mais « quel que soit le prix de cette liberté, il faut bien « la payer aux Dieux ! »

Je ne sais pas de quelle liberté voulait parler ce scélérat. Mais celle dont il s'agit chez nous, aujourd'hui, nous ne verrions aucune nécessité de la payer le prix qu'y mettaient les Dieux de Sylla. M. Emile Ollivier adore, je le sais, des Dieux plus cléments; il connaît pour la liberté des voies moins impies; il ne croit pas qu'il puisse y avoir quelque force sérieuse, quelque puissance d'entraînement réellement redoutable, dans un parti dont personne n'ignore les secrets desseins et les convoitises vulgaires. Il ne s'arrête pas à ces ambitieux de dixième ordre dont l'ambition n'a pas même l'excuse d'une certaine grandeur. Pour lui, ils ne comptent pas, il a cessé de les apercevoir à force de les dédaigner, et il est convaincu que s'ils peuvent avoir encore quelque reste de prestige, dans l'ombre, la liberté en les appelant au grand jour ne ferait qu'achever leur discrédit. Mais voilà l'erreur profonde de M. Ollivier et de tous les esprits généreux de son école. Ils ne voient pas que les raisons qui devraient éloigner la faveur publique de ces gens-là, sont celles qui assurent le mieux leur propagande et leur vile popularité. Vous croyez qu'ils seront perdus, le jour où l'on aura bien compris que l'intérêt public n'est qu'un prétexte derrière lequel « ils font un chemin couvert » (1) à leurs intérêts personnels? Ils n'en seront suivis qu'avec plus d'ardeur par l'innombrable catégorie de ceux qui ne se piquent point d'une autre délicatesse et ne cherchent point d'autres compagnons. Le jour où ils seraient abandonnés est bien plutôt le jour où ils donneraient d'eux l'opinion qu'ils ne poursuivent point d'autre triomphe que celui de la probité et de la justice. Ce jour-là les intrigants, les besogneux, les pêcheurs en eau trouble, n'auraient rien à faire chez eux. Aussi tous ces Catilinas de haut et de bas étage savent très-bien que plus on les signale comme le parti de la curée et plus on leur fait de partisans. Et voilà pour quelles raisons, avec cent autres, nous nous défions de la liberté qui leur permettrait d'ouvrir à domicile et sur la place publique leurs bureaux d'enrôlement.

Mais il n'y en a pas moins des concessions auxquelles doivent être prêts tous les esprits intelligents et sincèrement attachés à l'empire. Mille réformes dans tous les sens sont utiles et urgentes; mille choses et mille détails demandent à être revus, changés ou rajeunis. Il n'est point de machine au

---

(1) « Chacun fait son petit chemin couvert à la députation. » *Lettre de M. Dréo à M. Garnier-Pagès.*

monde, y compris la machine gouvernementale, qui n'ait, au bout d'une certaine période, besoin de sérieuses réparations. Sous ce rapport, M. Emile Ollivier a fait une observation infiniment juste et que nos hommes d'Etat négligent trop, quand il a dit :

Les nations ne se composent pas d'une seule génération. Elles se composent des générations successives qui se suivent et qui se remplacent. Or, la génération qui a voulu la chute de Louis-Philippe, celle qui a traversé les épreuves de la République, qui a assisté au coup d'Etat et à l'inauguration du régime impérial, elle disparaît ou elle se fatigue. A sa place surgissent des générations nouvelles pleines de vigueur, *pleines d'illusions*, pleines de force, qui n'ont pas traversé ces épreuves, leçon peut-être dure pour nous. Ces générations demandent à vivre; elles demandent à entrer à leur tour dans l'arène et elles étouffent sous les contraintes du régime actuel.

Sauf les « illusions » auxquelles un gouvernement de quelque façon qu'on l'entende, ne saurait ouvrir un crédit au budget de l'Etat, hormis ce point qui implique à lui seul la nécessité absolue d'une restriction à la liberté, ces paroles sont le programme de la politique la plus intelligente qu'on puisse concevoir à l'heure où nous sommes. S'il est vrai qu'une révolution libérale soit urgente, c'est en effet dans le sens vraiment conservateur d'une union plus intime, d'une solidarité plus profonde de la génération nouvelle avec l'avenir de la jeune dynastie. Sur ce terrain un homme d'Etat pourrait sans doute s'attendre à rencontrer des résistances âpres et obstinées, mais il n'est pas d'obstacles dont ne viennent à bout, l'énergie, le talent et le courage, dans la voie de la justice et de la vérité.

On l'a vu par l'exemple de Robert Peel.

Robert Peel conservateur durant la moitié de sa carrière et finissant à point par où M. Ollivier a peut-être commencé trop tôt, résolut d'être lui-même le promoteur d'une réforme qu'il avait longtemps redoutée pour son pays. L'histoire retentit encore des clameurs qu'il souleva. Cette œuvre immortelle qui réservait à sa mémoire les honneurs du marbre et les respects de la postérité, rencontra ses insulteurs et ses Iscariotes. La haine ne lui épargna aucune injure, pas même l'accusation d'être vendu à l'étranger. Lui, entouré de quelques hommes de cœur qui lui faisaient un rempart de leur fidélité et de leur estime, il alla droit à son but, imperturbable dans son assurance, calme dans ses dédains. Il rallia insensiblement autour de lui tout ce qu'il y avait de généreux et de bonne volonté entre les partis extrêmes, et jusqu'à ceux qu'on pouvait croire les plus opposés à ses opinions et à sa personne. Son génie merveilleusement servi par son éloquence attira sous son drapeau une foule d'hommes étonnés de s'y rencontrer, mais rassurés bientôt de ne se voir rapprochés que par des transactions avouables pour le bien du pays et de l'Etat. On vit accorder à sa probité les concessions qui, en d'autres mains, auraient paru le plus téméraires et la liberté s'étonna de la route facile qu'il ouvrait à ses pas.

J'entends dire que M. Emile Ollivier pourrait bien être prêt pour le rôle de Robert Peel ; c'est possible. La France est-elle aussi prête que lui et que l'était l'Angleterre pour cette épreuve héroïque? Je persiste à en douter. Mais dans les limites d'un progrès conforme aux véritables exigences de notre situation et du tempérament de la France, il y a place pour un rôle non moins grand et non moins glorieux. M. Emile Ollivier est jeune, éloquent et probe, et les haines dont il est l'objet le recommandent particulièrement aux sympathies et à la confiance des honnêtes gens.

FIN.

BIBLIOTHEQUE NATIONALE DE FRANCE
3 7502 00972395 0

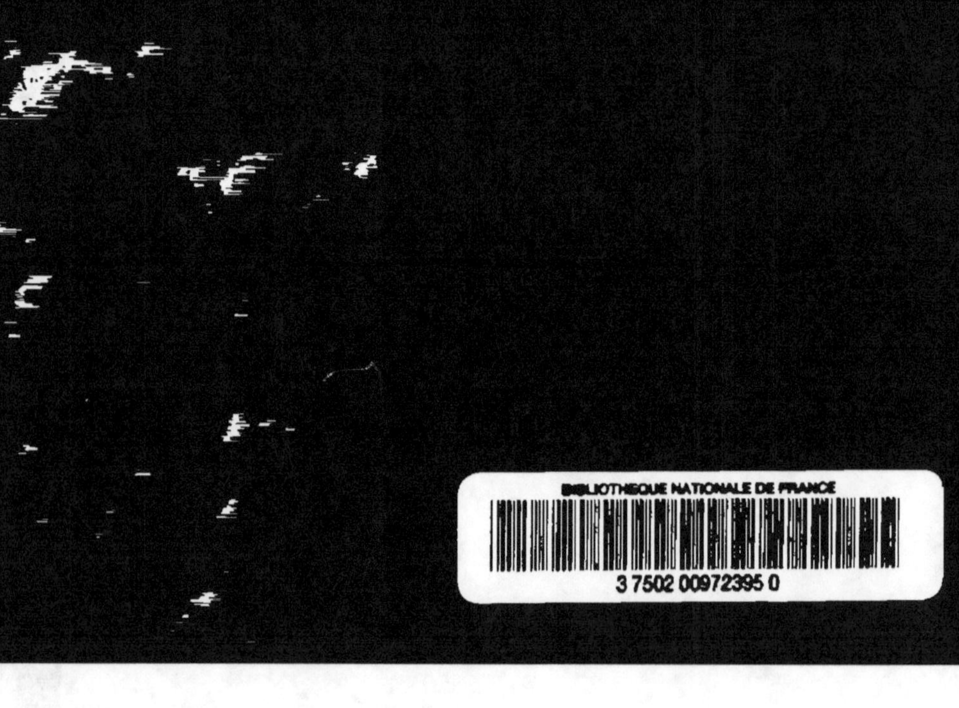